ullstein

Das Buch

Halo i bims H1. I han für meim Freumde 1 Buch gemaked umd i hof du hasd foll vil spass vong lesem her. Begleite mich mid durch Texas umd benuz meim vong-Wörterbuch. Lese meim stremg geheimes Tagembuch umd hab 1 gude N8 mid dem spannendem kurzgeschichdem.

Plötzlich kursiert im Netz VONG – ein ganz neues Deutsch jenseits aller bekannten Rechtschreib- und Grammatikregeln und mit ganz eigener Logik. Man kann sogar Bücher damit machen. Deswegen präsentiert VONG-Spezialist H1 in diesem Band

- das VONG-Wörterbuch
- das Tagebuch von H1, dem bekanntesten VONG-Protagonisten
- VONG-Sprüche für alle Gelegenheiten
- und jede Menge VONG-Cartoons

Der Autor

H1 (Heinz) ist VONG-Protagonist der ersten Stunde. Er lebt in der Nähe von Hannover.

VONG

WAS IST DAS FÜR 1 SPRACHE?

VONG H1 FÜR DICH?

Ullstein

Originalausgabe im Ullstein Taschenbuch
1. Auflage Juli 2017
© Ullstein Buchverlage GmbH, Berlin 2017
© Dallan Sam, 2017
Umschlaggestaltung: zero-media.net, München,
nach einer Vorlage von Tailor Designs
Titelabbildung: Tailor Designs
Abbildungen im Innenteil: Endrik Deitz
Comic: Sefora Tunc und Nora Tunc
Lektorat: Charlyne Bieniek
Satz: Kompetenzcenter, Mönchengladbach
Gesetzt aus der Berkeley Oldstyle
Druck und Bindearbeiten: CPI books GmbH, Leck
ISBN 978-3-548-37773-5

Inhalt

Vorword

Halo meim Freumde i bims euer H1 umd i han für all meim Freumde 1 kleins Buch geschribem umd versuchd euch so vil wie nur möglich isd einblik in meim leben zung gebem. I hoff i kan euch mid dem Buch dem VONG sprache 1 klein wemig näher bringem so vong intresse her.

Beim lesem vong dem Buch müssd ihr dem Seele baumeln lassem umd all dem altagsstress vergessem.

Also lassd euch umterhaltem vong dem geschichdn vong H1. Das Buch wirt euch dem VONG sprache 1 bissi erklerem umd alle regelm der Deutschem Sprache sprengem.

Im dem sinne 1 Umterhaltsahme reise in 1 umbekante Weld vong lesem her.

VONG — das Wörterbuch

1   1 Zahl als buchstabe. Lol. Du bimst 1 Schlawimer.

Bims   I bims 1 Memsch. Halo bimst du es?

Vong   Wolfgang vong Göte oder vong dem her.

Durchschnittlauch   Durchschnittlauch isd die Tempratur vong grad her 30. Oder 1 Boi trenirt Durchschnittlauch 2 mal in 1 Woche.

Frisurenmann   Memsch der bei 1 Frisör arbeited. Frisurenmann du hanst hässlich geschnitem. Lol.

Huremson   1 Son vong 1 Mudder die vile sexi Bois han. Lol.

Kater   Oh man gesterm 12 Bir umd heut 1 Kater

Zung   Han viel zung lernem auf morgem, zung Beispil.

K1   K1 Zeid zung Lernem. Hanst k1 Geld dan bimst Arm.

Kormflex   Alder gib mal dem Kormflex umd dem Milch i han Hunger.

Alder   Du bimst abba 1 Alder hase. Vong aldem käse bekomst Bauchwe.

Halo   Halo i bims 1 Sportskanone. Halo umd Tschüssi meim Freumd. Lol.

Nit   I kan nit zung schule komen vong termin her.

Sori   Sori meim Alder abba i han k1 pock auf so 1 geblabber.

Blabbermaul   1 Memsch der nur blabbert ohne sin dahimter. Halo i bims 1 Blabbermaul.

Isd   Halo isd da jemand oder hör i da nur 1 windstos.

Kontostamd   Weng deim Kontostamd 0 isd dan bimst du halstif im der scheise.

Halstif   Isd weng du tifer als knietif im drek bimst so vong problemem her.

Amschiss   Weng du 1 scheise bausd umd du ärger bekomst. Alder du hasd 1 richdige amschiss für deim verhaltem verdimt.

Freumde   Memschem die du germ hanst vong friendzone her. Halo i han di germ als Freumd.

Vegetarianer   1 Memsch der flysch nit als Religiom ansihd somdern nur als Müll.

Somdern   Es isd nit so somdern anders. Lol.

Week   Man war das 1 harde Week.

Lauch   1 Gemüse abba auch 1 mann ohne Muskeln also 1 Frau. Lol.

Abba   I han abba nix gemachd i han nur gepupsd. Lol.

Polizeimann Der mann der Strafpapire gibd weng du 1 raser bimst.

Strafpapire Die zettel di du bekomst weng du zung schnell bimst umd 1 Polizeimann dich anhalted.

Alkoholimker Han nix mid Imker zung tun somdern 1 Memsch der germ trimkt.

Germ I han di foll germ. Du kansd germ meim Freumd seim.

Spasd 1 Memsch der Pech beim Demken hant.

Schillen Weng du schillen wilsd dan leg di im Bät umd hör Ed scheran.

Bät Dem teil wo du di n8 verbringsd umd evt auch deim tag weng du Nätflix schausd.

Owaia Weng du 1 Problem hanst kansd sagem: Owaia schon wider 1 Problem.

Mäc Donalt 1 überdimensionalem Frittembude.

Fodokamarad   1 Maschime mit dem du Fodos machen kansd evt auch selfis.

Lol   Lach oh lach zung Beispil: Lach oh Lach bimst du 1 witziger Person.

Orwurm   Weng du 1 Lid über 17 mal hörsd umd du dan fasd auswändig kansd dan isd 1 Orwurm im deim Or.

Simgel   Weng du k1 Freumdin hanst dan kansd sagem: Halo i bims 1 Simgel.

Weng   Weng nit jezd weng dan? Weng nit wir wer somsd?

Emtschuldigumg   Weng du 1 Schwere fehler begesd dan sag sori Emtschuldigumg.

Foll Kreisi   Weng edwas ganz kul isd dan sagd man foll kreisi.

Kevinleitdiner   Immer 1 gude romamtische idee weng du Mal wider scheise gebaud hanst und deim Girl 1 saure Zitrone isd.

HƐ 1 tir was bellem kan umd auch beisem. Lol I bims 1 H&.

11 Halo i bims 1 Fabelwesem.

Dum Wer nit schlau isd der isd dum. Lol.

Interviuw mid H1

Was würden Sie tun, wenn Sie keine Angst mehr hätten?

Lol da mus i schon lachem weng i nur dem Frage hör. Das word Amgsd isd nit in meim Wordschaz umd somid ken i Amgsd nit.

Wirklich?

Oke sori weng i ganz erlich bim dan bim i 1 kleiner Hosenscheiser wie meim Mama früer immer gesagd hant. So zung Beispil: »H1 du musd k1 Amgsd han im keller isd k1 gespensd so vong erschreken her. Du kleiner Hosenscheiser.« Also weng i jezd mal 1 Tag k1 Amgsd meer häte würd i amdauernd nur vong Wohnumg in dem Keller umd dan wider zurük laufem umd das so ca 58 mal. Lol.

Sind Sie noch Single? Wenn ja, hätten Sie gerne eine Freundin?

Oh das isd 1 fise frage lol. Ja i bim noch simgel abba i weis gar nit ob i 1 zeid han für 1 Freumdin. Weil weng i dan 1 Freumdin han dan mus i immer Masieren umd helfen Kleider aussuchem umd all so sachem umd für dem han i momentan k1 zeid. Weng es abba 1 girl gibd das all den sachem alleine machd dan kan sie sich meldem mid 1 hochzeids-antrag. Lol.

Wenn Sie als Tier wiedergeboren werden, als welches wollen Sie dann am liebsten geboren werden?

Ganz klar als Quala weil i han mal im internetz gelesem das Qualas bis zung 20 Stundem am Tag schlafem umd zungdem war i mal 1 Work amd Travel im Australiem umd da han i mi schon foll im dem knuddeligen Tire verlibd.

Können Sie über sich selbst lachen?

Lol wie i solche fragem libe. Meim Oma sagd immer vong lachem wirsd du gesumd umd weng lachen nit meer hilfd dan nim 1 AspirinC. Über sich selbsd zung lachen isd laud mir ser wichtig den nur so kan man dem leben ohne Psüchiater meistern umd sihd viles mid Humor. Lol.

Welche 3 Bücher haben Sie am meisten beeinflusst?

Libe Interviuwerin i mus ihnem Beichtem so wie auf Facebook bei dem Seite Beichtstul das i noch k1 Buch im meim Leben gelesem han. Sori.

Was hat Sie dazu bewogen, das zu tun, was Sie heute tun?

Meim Wumsch war es immer schon Memschem zung umterhaltem umd dem Altag zung versüsem. I fimde das es auf der Weld so vil schlimme sachem gibd umd deshalb soll man 1 Sache nie verliren umd das isd das lächeln auf dem lippen. Ein altes schinesisches sprichword sagd: »చెజెజెఇబ్బూ హాయహాఃఞా« was so vil bedeuted wie: »Lachen isd Lustig«.

Haben Sie ein Lieblingsessen oder ein Lieblingsrezept?

Ja i lib essem umd im meim Freizeid koch i ganz germ i kan dir meim liblingsrezebd gebem vong:

Bratem mid Schnaps

Zutatem: 1 Bratem umd 1 Kisde Schnaps nach
Wal

Arbeidsschrite: Dem Bratem im dem ofem Bra-
tem umd vil Schnaps dazu. Lol.

Als Letztes möchten wir noch wissen: Wo fühlen Sie sich zu Hause?

I han mal 1 Sprichword gehörd das sagd zung-
hause isd da wo deim Haus isd umd i leb genau
nach dem sprichword. Manchmal isd meim zung-
hause irgendwo umd manchmal irgendwo amders
abba meim Freumde umd Familie han i immer
ganz fesd umd foll nah bei mir im herzem.

Sprüche

Memschem die immer 1 lusdige oder 1 tollem spruch auf dem Lippem han simd Überaal belibd. Solche Memschem strahlem 1 Ganz natürliche Freude aus umd stekem amdere mid solch 1 Freude an wie bei 1 Grippewelle mid der grippe lol. Fröliche Memschem mumtern amdere auf umd helfen bei schlechte laune umd genau das hant sich H1 zung zil gemachd. Vong in der Frü bis zung abendemmerumg will H1 Memschem vong fern umd nah den tag versalzen.

- Dem simd k1 Stirmfaltem auf meim Gesichd dem simd nur 1 Sixpack vong dem ganzem Demken her. Lol.

- Du bimst nit zung dick das isd k1 Winterspeck auf deim Hüftem das simd nur große Frülimgslollen oder evt 1 ente süssauer.

- Achtumg! Weng du 1 Vegetarianer bimst geh nit zung 1 Demonstratiom mid vilem Vegetarianer somsd könt ihr sagem: Halo wir sims 1 Gemüseauflauf. Lol.

- Tip vong H1: Weng du ganz fett bimst umd vil wigst sodas deim Wage immer kaputt gehd dan bimst du safe vor Entfürern! Dan kansd sagem: Halo i bims 1 safe.

- K1 sorge du kansd nit allem Memschem happy machem du bimst k1 Nus-Nugat-Krem umd k1 Marschmello.

- Weng du vong 0 auf 100 im wemigen Sekundem bimst dan kansd sagem: Halo i bims 1 Lamborschini.

- 1 Bir am Tag isd wie 1 Globuli: Hilfd nix schaded nix. Lol.

Geburdstagswümsche
für Freumde

- Foll Fette Glükwümsche wümsch i dir umd lass dem kopf nit hängem nur weil du 1 jahr älter bimst. Märk dir 1 nur wer mit 1 lächeln alt wirt lacht auch noch im alter.

- Häppi Börsdei meim Häschen umd schon wider bimst du 1 jahr älter abba gleichzeidig auch 1 haar weiser geworden. Lass die korkem springem umd die freumde singem. Alles erdemklich gude.

- Buon Compleano umd Alles gute meim Börsdei Freumd. Feier bis die palken bigen umd lass die Raketen in dem Himmel fligen. I wümsch dir nur das allerbäste umd freu mi das du dises jahr auch gud überlebd hanst. Lol.

- Vong herzem wümsch i dir das dir alle wümsche in erfüllumg gehem umd alle träume vong dem lippem gelesem werdem.

- Disem jahr isd foll schnell verflogem umd glaub mir das isd nit gelogem abba du hanst das gut gemeisterd. I wümsch dir 1 schöne neue lebensjahr umd the bäst wisches vong deim Bro umd bleib so wie du bimst vong geburt her.

Tagembuch vong H1

Dem liblingshobby vong H1 isd tagembuch schreibem wie das somsd eigendlich nur mädechen machem deshalb bite nit weiter sagem das i das mache umd alle Sachem die im den tagembuch stehen simd ganz privat umd i zeig den inhalt nur meim Bestem freumden umd ihr seit das. Lol.

Also freud euch auf wumderbare geschichdem mid H1.

Tag 1

Halo meim libes Tagembuch,

heute hab i 1 anstengemdem tag gehant. Heute morgem habem meim Nachbarn ganz laut Musik gemachd umd i bim davong aufgewachd. I han schon schimpfen wollem abba i han mi nit getraud weil sie immer so nett simd zung mir umd wegschauen weng i kurz nackig auf dem Balkom geh um frischem Luft zung atmem. Das nexte schlechte am Morgem war das k1 Erbeermamelade meer hante umd auch k1 Milch. Umd i ess ja jedem Tag immer Mameladebrod somsd bim i immer sauer wie 1 Zitrone. Deswegem bim i ganz schnell zung Bäker um 1 Mameladebrod zung kaufen. I bims nur im pijama hingerant weil i foll schlechte laune hante. Umd dan isd edwas wumderschönes passird du darfsd es abba k1 Memsch erzelem libes Tagembuch.

Das isd 1 geheime stori. Im der Bäkerei war 1 wumderschöne neue Verkaufsfrau. I bim ganz rot im gesichd gewordem weng sie mich angeschaud hant. Das war bissi peimlich. Die neue Verkaufsfrau hant ganz lange blonde Haare wie 1 primzessin umd bissi rote wangem. Oh man umd ihre Augen waren so schön blau wie dem meer an der ostseh. I wolld am libsdn sagem: »Halo Verkaufsfrau i bims H1. Willsd du meim Frau werdem?« Dan han i gedachd das dem vlt zung frü wäre umd i han nur 1 Mameladebrod gekaufd umd bim gegangen. Dem ganze Tag kont i nix amderem demken als an die Verkaufsfrau. I wümsche mir so sehr das sie meim Frau wird also Frau H1 umd wir ganz vile Verkaufsfraukimder bekomen.

Morgem mus i umbedingt wider im das Brodgeschäfd gehn vlt trau i mi dan was zung ihr zung sagem. I ess jezd jedem Tag nur noch Brod. I glaub i bim foll verlibd in die Verkaufsfrau weil sie isd die schönsde Verkaufsfrau auf der ganzem Weld. Bite nit weitererzelem libes Tagembuch! Freu mi schon heute N8 vong meim Traumfrau zung dreamen evt han i sogar 1 richtig sexi traum. Lol.

Gude N8 libes Tagembuch

Tag 2

Halo libes tagembuch,

heute bim i wider zung der Brodverkaufsfrau im das Brodgeschäfd gegangem. Leider war sie nit hir. I han mir gedachd warte 1 bissi im Brodgeschäfd umd esse dort meim Erbeermameladebrod vlt komt meim Primzessin ja noch. Die amdere Brod-verkaufsfrau die heute im Brodgeschäfd war isd leider nit so nett.

Abba eigendlich ist dem auch gud so somsd hät i mi noch im 2 Brodverkaufsfrauem gleichzeidig verlibd. I bim ja immer so schnell verlibd das isd schon fasd 1 bissi peimlich.

Abba die girls wollem mi immer nur als Freumd das isd echt schlimm umd machd mi foll fertig vong stimmung her. I weis auch nit was i immer falsch mach i bim immer foll nett zung dem girls abba i glaub die meistem wollem nur asch-löcher.

Trozdem bim i mir ganz sicher das es dismal mid der Brodverkaufsfrau amders wird. I mus mir nur 1 tolle Sache einfallem lassem um sie vong mir als lover zung überzeugem.

Wümsche dir noch 1 gude n8 umd bis morgem libes Tagembuch

3. Tag

HaliHalo libes Tagembuch,

heute war meim freier tag. I han dem genuzd umd
zeid mid meim H& verbrachd. Wir han zungsamen
gekämfd um zung sehn wer der stärkere isd. Lol.
Er heist Skatti. Der Gauner provozirt mi immer foll
weil er will nit einsehn das i der stärkere bim. Wir
han heute um 1 Stük Stoff gekämfd lol. Er wollte
1fach nit loslassem also han i ihn gewinentlassem
umd losgelassem. Als er dan nit mehr gegukt hant
han i das stük stoff schnell geklaud umd ihn aus-
gelachd. Da hant er dum gegukt. Abba H1 isd halt
1 schlimgel umd weis wie die triks funktionirem
deshalb kan H1 sagem: Halo i bims 1 schlaufux.
Trozdem han i meim h& foll lib. I han dem schon
foll lange schon so 10 Jahr.

Tschüssi Tagembuch umd bis morgem

4. Tag

Gudem Tag meim Tagembuch,

i bims wider H1. Heute war foll 1 lustiger Arbeids-
tag weil i meim Kolege 1 streich gespilt han.

Meim Arbeidskolege der Peter nimmd jedem tag
1 energydrink mid zung arbeid umd isd deswegem
immer foll hüperaktivirt. Er isd 1 aschloch lol umd
nervd mi jedem tag. Heute han i mir gedachd i
nuze die 5 Minutem weng er auf Tolete isd umd
urinire schnell in seim energydrink. Als er wider-
kam umd ihn trank schaude er komisch weil dem
Geschmak amders war. Das war dem schönsde
moment in meim leben. 1 Tipp: Leg dich nit mid
dem H1 an.

Tschüssi Tagembuch

5. Tag

Halo Tagembuch, hoff dir gehd es gud.

Heute war wider 1 Verflixter tag i bim schon im
der frü vong dem vögel getzwitscher aufgewachd
umd dan gleich danach war i schon sauer wie 1
zitrone weil i nit ausgeschlafen bim so vong schlaf
her. Nacher bim i dan wie jedem tag zung spät
zung der arbeid gekomen umd han dan 1 Am-
schiss vong dem scheff bekomen abba i geb 1
scheis auf dem weil i bim meim eigener scheff lol.
Amschliesemd han i dan meim Arbeid gemachd
umd bim dan zung der Mitagspause mid dem Rad
schnell nachhause gedüst umd han mitag geges-
sem. I will ja nit angebem abba i bim echt 1 schnel-
ler flitzer. Han mir sogar schon überlegd beim der
Tur der Franke mitzufahn. Nach dem essem han i
mi dan auf dem sofa geschillt so vong schillem her
umd han dan foll verpennt nochmal zung der
arbeid zung gehem. Lol. I han dan 1fach dem
ganzem nachmitag auf dem Sofa geschillt umd so
1 Bir getrumken vlt auch 16 Bir weis nit meer

genau. Meim scheff hant mi schon mal versuchd anzungrufem abba i han 1fach klingelm lassem so meint er i hans nit gehörd. (H1 isd 1 schlauer fux.) Abba dan war dem tag schon gelaufem weil scheff zung mir nach hause kam umd foll abgedret hant wiso i nit bei arbeid bim. Lol abba han alles geklert mid 1 gude bir umd han ihm dan meim Liblings-rezebd gekocht (Bratem mid Schnaps) umd dan war alles wider oke also war dem tag trozdem nit so schlimm wie i gesagd han. Han di libes Tagem-buch also nur verascht.

Machs gud deim H1

6. Tag

Meim Tagembuch sei gegrüsd,

heute isd wochemende umd i han wider mal 1 Date mid 1 Girl. I bim schon foll nervös vong gefül her weil i han den girl noch nie im real life gesehn. Lol. I han die über dem internetz kenen gelermd umd jezd treff i mi mid ihr um zung üben wie i am bästem mid der Brodverkaufsfrau tun soll. Die Internetzfrau weis dem logisch nit abba so isd alles wie echt. Lol.

NACH DEM DATE:
Oh man was war das für 1 Date. I han mi foll fesch gemachd für meim girl so mid amzug umd kravette umd schöne lakschuhe. Als 1 girl auf mich zung kam han i schon ganz panisch gehoffd das sie meim date isd weil sie hante foll blonde lange haare umd so sexi high heels. Lol. Abba

leider war das nit meim Date somdern 1 amdere. Abba gleich danach kam dan meim date girl mir emtgegen so wie 1 Elefant mid Leopardem Legins umd i glaub die hant sogar so 1 schwarzes halsband an wie 1 h&. Lol. I han nur gesagd: »Halo umd Tschüssi meim freulein« umd bim dan foll schnell wider wegerant so schnell wie laki luk schisem kan so schnell bim i gerant. Nacher han i dan meim mami angerufem das sie mi wider abholem kan umd nachhause bringem soll. Zung hause angekomen han i dan mal schnell 12 Bir getrumken umd 14 Rumden Fifa gespilt um mi abzunglemken. Also summasumarum war die geschichde mid dem Date 1 richtiger FlipFlop umd i han nit übem gekont. Lol. Abba i werd nit aufgebn umd evt han i bald 1 neues date vlt sogar mid der Verkaufsfrau.

Damke libes Tagembuch umd Tschüssi

7. Tag

Halo Tagembuch,

i war heute morgem wider in dem Brodgeschäfd umd wollte die Brodverkaufsfrau ansprechem. Leider han i mi abba wider nit getraud weil noch 2 alte frauem im Brodgeschäfd waren die mid der Brodverkaufsfrau geplauderd han. Zungdem bim i leider schon wider foll nervös gewesem bim rotweinrot gewordem umd wusste nimmer was i ihr sagem soll. I kont nit 1 mal meer sagem das i germ 1 Mameladebrod kaufem will umd bim schnell wider aus dem Brodgeschäfd. Oh man dem war so peimlich. Abba der Tag wurde trozdem noch gud. Nach meim Mitagspause vong der Arbeid her hant mi meim Mami kurz angerufem umd gesagd das sie heute bei der Brodverkaufsfrau war umd 1 Date für mich klar gemachd hant. Meim Mami isd die Bäste auf dem ganzem Weld umd auch im ganze Umiwersung. Han mi foll gefreud. Mus jezd nur noch bissi zuhause vor dem Spigel übem wie i mi so bewegem soll beim date das die Brodverkaufsfrau auch wirglich meim schönen kurfen umd meim kleine Muskelm sihd. Mann die wirt staunem weng sie mi so sihd. Freu mi schon dir davong zung erzelen.

Hau r1 libes Tagembuch!

8. Tag

Halo libes Tagembuch,

heute han i mi mid meim Mami getroffem umd sie
hant mir foll nice tips gegebn so vong flirtem her. I
weis genau das meim Mami vile bois gehant hant
weng si noch jung war auch weng sie immer sagd
das sie nur meim Vadder gelibd hant. I han mir
jezd überlegd der Brodverkaufsfrau 1 schöne Blu-
me mitzungbringem. Han auch schon 1 gelbe Rose
(Rot soll man ja erst speter schemkem) beim Blu-
menverkaufsladem gekaufd. Man war die teuer
abba für meim Girl isd mir nix zung teuer. Meim
Mami hant mid ihr ausgemachd das i mid ihr im 1
nice restorand essem geh. Bim schon ganz nervös.
Han auch meim scheff schon vong date mid der
Brodverkaufsfrau erzelt umd er hant mir 1 Ge-
heimnis veraten. Er sagd weng i mid 1 girl essem
geh darf i nie spageti mid Tomatemsose essem weil
i mi somsd nur drekig mach umd dem wär foll
peimlich. Dem isd abba ser schwirig weil i spageti
mid tomatemsose super leker find umd immer 1

bissi wie 1 italiano ausse weng i spageti esse. Deswegem werde i 1fach 1 schöne rote Hemd anzihen dan siht man dem Drek nit. I weis i bim 1 fux. Speter bim i heute noch mid meim kolegen 1 cola trimken gegangem umd sie freuem sich alle schon foll für mi. Auser dem Johannis der isd 1 bissi eifersüchtig weil er eigendlich auch germ 1 Brodverkaufsfrau als girl häte. Die amderem wollem dan umbedingt das i ihnen sag wies gelaufem isd umd die han mir foll vil mud gemachd. I han echt die bästem friends auf dem ganze planet.

Tschau libes Tagembuch

9. Tag

Halo Tagembuch,

oh man heut war abba 1 richtig crazy tag. I han alles für dem Date geplant gehant umd dan so was.

I bim heute im der frü mit 39 Grat Fiber umd Windpockem aufgewachd. I seh jezd aus wie 1 Streuselkuchen alles foller flekem auf meim Körper umd i han sogar auf meim Pippimann 1 Windpocke. Meim mama hant mir deshalb verbotem zung date zung gehem umd deshalb bim i jezd foll sauer. Abba sie hant schon recht weil i will meim zukümftige frau H1 nit krank machem umd i bim auch schon dem ganzem tag foll fertig. Zung glük han i meim h& skatti der mi trösted umd immer bei mir isd. 1 freumd hant mir heute 1 Buch gebrachd das i was zung lesem han weng i dem ganzem tag nur am ligen bim. Dem buch handeld vong flirtem umd da simd super tips drinem wie man 1 herz vong 1 Frau erobert. Abba eigendlich weis i dem ganzem triks schon lol. Zung glük han i heute dem verkaufsfrau 1 sms geschribem das i krank bim umd wir han 1 neue date ausgemachd.

Im den nextem tagen kan i leider k1 tagembuch schreibem weil i mus ganz vil schlafen damid i ganz schnell wider gesumd werde.

Damke tagembuch das du mir immer zung-hörsd umd mir krafd gibsd so bim i noch stärker. Lol

Gude n8

10. Tag

HaliHalo Tagembuch,

heute war 1 ser schöner tag. I bim morgems so ca um 11 aufgewachd umd bim vong dem sonnemstralem im den Augen gewekt wordem. I han mi entlich wider fit umd gesumd gefült. Im den lezden 2 Wochem war i leider immer nur in dem Bät umd han nur gelegen vong krankheit her abba libes tagembuch i han jezd news für di. Morgem isd es so weit i han entlich das lang ersehnte Treffem mid meim Girl.

Darum bim i heute noch shoppem gewesem umd han mir 1 foll kules autfitt gekaufd. So 1 Grüne hemd umd 1 Rosenrote Hose mid so blaue snikers. Meim mama hant gesagd das es foll fresch aus sihd umd die Kleiderverkaufsfrau hant gesagd das i aus seh wie 1 Bombe die gleich explodirt. Lol.

Dan han i heute wider mal vor dem spigel das flirtem geübd das i morgem nit so nervös bim umd so sprüche wie: »Halo du geile schnitte hanst du den1 Waffensch1? Weil du bimst 1 richtige Kanone.

Lol.« Solche sprüche müssem morgem sizen damid i dem herz vong meim Girl erober.

Also libes tagembuch sei gespant auf morgem umd drük mir bite deim Daumen. Lol.

Im libe deim H1

11. Tag

Halo libes Tagembuch,

oh man war das 1 Geile Date i bim immer no ganz durch dem Wind umd aus dem Soken. Wir han uns in 1 TeeBar im der nähe vong dem Bäkerei getroffem. Die Brotverkaufsfrau hant mir entlich den namen veratem umd di heist 11ride. Sie isd 1 bissi älter als i umd wohmt nur 2 Häuser nebem mir. Libes Tagembuch i sag dir 1 i bim wirglich hals über fus im dem girl verlibd. Wir ham erst 1 Früchtetee getrunkem umd han uns sofort super gud verstandem. I war am amfang zimlich aufgeregd umd han foll geschwizd. Zum glük han i vor meim date noch 10 Tropfem Bachblütem zung beruhigung genomem. Umd 1 superstrong deo vong geruch her. Nach kurzem Zeid war abba dem ganzem nervositet weg weil wir uns so super verstandem han. Wir han stundemlang gequakt ohne nachzungdemken. Die Zeid isd verflogem wie im Flugzeug leider vil zung schnell. I han heut auch gleich nochmal mid ihr 1 neue date ausgemachd.

Man sie isd echt 1 Hammer lady umd dem Nach-
mitag mid ihr war 1fach dem supidupihammer.

12. Tag

Halo libes Tagembuch,

i han heut dem ganzem Tag nur am 11fride dem-
ken könem. I han ihr heute morgem schon 1
Wazapp Nachricht geschribem umd sie hant sofort
zurükgeschribem. I han echt 1 mega gude gefül
bei uns 2. Vlt isd sie dem Frau auf dem i schon so
lange gewarted han. Wir schreibem dem ganzem
Tag über auf Wazapp umd jedem mal weng meim
handy pibst mus i meim herz beruhigem weil
meim Herz schon wider 1 Salto springt. Wie konte
so 1 nice girl sich nur so lange time im 1 Brod-
geschäfd vor mir verstekem. H1 umd 11ride: Dem
wäre doch mal was. Meim Scheff meim Mami umd
meim Freumde han sich auch foll für mi gefreud
das dem date so gud gelaufem isd. Leider hante i
heut foll vil zung tun vong dem Arbeid her umd
konte nit nur vong meim traumfrau träumem.
Umd meim Scheff war heute irgendwie foll komisch
in dem Firma umd es war 1 schlechte Stimmung
im der lufd. Noch weis i nit was da los isd. Abba i

werds noch herausfimdem. I bims nämlich: Scher-
lok H1. Im moment isd sowiso 11ride dem wich-
tigsdem auf dem ganzem umiwersung für mi.

Dein verlibder H1

13. Tag

Libes tagembuch,

heut war dem tag leider foll scheise. I musde gar nit meer herausfimdem was im dem Firma falsch isd weil dem scheff es mir gleich veratem hant. Dem Firma isd pleite umd dem scheff hant mir heute foll unerwarted 1 Brif gegebem wo drinem Stand das i Gekündigd wordem bim umd das heute meim lezder arbeidstag war so vong arbeid her.

I glaub weng die 11ride erferd das i k1 arbeid meer han dan han i sowiso k1 schonse meer.

Abba libes tagembuch wie du sicher weisd isd H1 1 richtiger fux umd hant schon 1 plan. I sag dem 11ride 1fach das i so gud gearbeited han umd deshalb han i jezd für immer frei bekomen. Lol.

Am abemd han i dan 11ride amgerufem umd gesagd das dem scheff mir 1 Brif gegebem hant wo drinem stand das i so gud gearbeited han das i jezd immer frei han.

11ride hant dan nur gelachd so vong lustigheit her umd hant gesagd i soll k1 witze erzelem umd di wahrheid erzelem. I han dan ganz ernsd gesagd das i die wahrheid gesagd han umd das i jezd wirglich bis am ende vong meim leben frei han. Im gleichem moment han i dan nur noch piiip piiip piiip gehörd umd es war nimand meer am televong. Ganz gleich danach han i dan 1 sms bekomen wo drinem stand das 11ride im den zeitumg gelesem hant das meim Firma konkurs gegangem isd umd das allem mitarbeiter gekümdigd wordem simd. In den moment han i mir nur gedachd »Verdamte Scheise«. Logo han i ihr auch gleich nochmal zu-rükgeschriben das es mir foll leid tud umd i dem nur gesagd han weil i dachd i han somsd k1 schonse meer bei ihr. Zung glük hant sie mir jezd geglaubd umd wir kontem allem klärem. Dan han-te 11ride so 1 idee wie sie mir helfem kan abba sie hant noch nix veratem.

Tschüssi Tagembuch

14. Tag

Heyho libes Tagembuch,

heute han i ersd mal meim lezdem sachem im dem Firma abgehold. War ganz traurig so dem ledze mal dort zung seim. Auch dem Scheff tud mir foll leid. Er war summasumarum eigendlich echt in Ordmumg umd hant mir 1 super Arbeidszeugnis geschriben. Hoffendlich fimdem wir alle bald wider 1 neue arbeid. Am nachmitag han i dan schon mal amgefangem 1 neue Arbeit zung suchem umd han mi darauf vorbereited. Han schon meim lebenlauf geschriben umd Fodos dafür gemachd. Meim mami hant mir dabei geholfen umd bei der gelegenheid auch noch fodos vong mir gemachd für 11ride. Man weis ja nie. Gleich nacher han i stellen in dem Zeitumg gesuchd umd überaal gleich amgerufem. Abba überaal dem gleiche Blödsin. Für 1 job bims i zung jung für dem amderem zung alt. 1mal musses 1 Frau seim umd umd umd. Das han i mir wohl doch zung 1fach vorgestelld. Abba libes tagembuch i han meim bästem versuchd umd i glaub i geh jezd ersd mal 1 Bir trimken umd werd morgem weitersuchem.

Tschüssi umd Adiö

15. Tag

Halo meim Tagembuch,

i han 1 super meldumg für di: 11ride hant mi heut schon ganz im dem frü amgerufem umd gesagd das in dem bäkerei wo sie Arbeited 1 Stelle frei wirt umd das sie mid dem Scheff schon gesprochem hant umd i kan mi morgem vorstellem komem. I bim ganz sicher das i dem stelle erhaltem werde weil k1 scheff kan so 1 juge umd fleisige boi widerstehem umd logisch wirt meim 11ride auch 1 gudes word für mi 1legem. I han eigendlich gar k1 erfahrumg mid verkaufem vong Brod abba dem wirt mir meim girl schon beibringem umd i brauch im moment ja wirglich umbedimgt 1 Arbeid. Freu mi auch schon foll morgem 11ride bei dem arbeid zung sehem. Hoffentlich kan i mi genug konzemdrirem weng sie da isd. Heute han i mi noch 1 bissi im internetz invongmirt über brod damid i 1 guden 1druck mach weng dem scheff mi was fragem sollde. Umd i geh heute mal ausnamsweise frü schlafem damid i morgem fit umd ausgeschlafem bim. Was han i nur für 1 glük das i die 11ride kenen gelermd han. Wümsch mir vil glük für morgem libes Tagembuch. I werd dem gud brauchem.

Tschö libes Tagembuch

16. Tag

Halo libes Tagembuch,

rate mal was heute tollem passird isd! I bim dem neue brodverkaufsmann im dem bäkerei wo auch die 11ride abeited. Juhu i han so 1 freude darüber. Hab mir nach meim kümdigumg echt vile sorgem gemachd abba jezd isd zung Glük allem gud ausgegamgem. I kan gleich morgem im dem bäkerei amfangem zung arbeitem. Bei dem vorstellumsgespräch war i zung glük foll geschillt umd alles lif super. I han meim ganzes brot nohau was i im internetz gesameld han rausgehauem umd so getam als weng i 1 Bäker aus blut umd sehle wäre. Zungdem isd noch mega das i jezd dem 11ride dem ganzem tag sehe umd i mi so ganz langsam an sie heranmachem kan. Lol.

Libes Tagembuch morgem wirt 1 große tag für H1. Wümsch mir toi toi toi.

Machs gud

17. Tag

Sori Tagembuch das i mi gesderm nit bei dir gemelded han. I war so k.o. vong der Fertigheid her. Die Arbeid im dem bäkerei isd schon toll abba auch foll amstrengemd eben edwas für richtige Bois. I mus ganz frü morgems im dem Bakstube helfem Sämmel Rockenbrod umd Baggetbrod machem umd speter dan helf i am der Teke. Weng somsd noch was zung tun isd dan kan i dem auch noch machem. I bim so 1 bissi 1 H1 für alles. So isd die arbeid abba auch bissi spanender weil i verschideme sachem machem kan. Manchmal darf man am abemd dem Tördchen umd so was übrig isd midnemem. Dem hant mir die 11ride veratem. Gesterm hant mir also der scheff allem im dem bäkerei gezeigd umd heute kan i schon vil alleime midhelfem. Am nachmitag war i dan alleime mid der 11ride im geschäfd umd es war auch nit so vil los da ham wir dan gequackt.

Umd dan kam dem bäste. 11ride hant mir vong 1 Komzerd erzelt zung dem sie germ himwolld abba leider isd es schon ausverkaufd. Da han i meim schonse gewitterd umd han mid ihr heute abemd 1 Date ausgemachd. Gleich nach dem arbeid han i alle meim kolegen amgerufd umd gesagd sie müssem mir helfem noch 2 kartem für dem Konzerd zung bekomem. Alle meim Freumde simd wie i 1 richtiger fux umd kenen foll vile wichtige leute. Nur nach ganz wemig zeid hant mi 1 vong ihn zurükgerufem umd gesagd er hant 2 kartem besorgd. Sie simd für super pläze umd auch noch geschemkd. Woher er die Kartem hant darf i leider nit veratem. Dem isd geheim.

Als wir uns dan heute abemd getroffem han vor dem grösdem glasmüllkontener der ganzem statt han i ihr die kartem gegebem. 11ride hant si so gefreud. Sie war 1 richtig happy girl (umd happy girl heist auch Happy H1 ;-)). Soford hant sie mich umarmd umd mir 1 bussi auf dem wange gegebem. Auf dem komzerd dan war allem perfekt. Super pläze super musig umd 11ride nebem mir. Bei lezdem somg han wir uns dan geküssd. Dem war so schön das i jezd auf Wolle 7 flig.

18. Tag

Halo libes Tagembuch,

sori das i mi im dem lezdem Tagem nit gemelded han abba i war komplet auf wolle 7 mid 11ride. Wir simd tag umd n8 zungsamen umd es isd 1fach super vong libe her. Wir könem dem ganzen tag nur noch turtelm umd uns Küssem. Wir warem sogar schon zungsamen bei meim Mama umd auch meim mama isd foll happy mid 11ride. Im gud Deutsch kan man sagem wir simd 1 Par. Lol.

Es gibd kaum sachem die wir nit gemeinsam habem. 11ride seim hobby isd relexen umd netflix umd das isd auch genau m1 Hobby.

Meim libes Tagembuch i mus dir jezd mal damke sagem das du mir im dem lezdem Tagen wochem umd sogar Monatem so treu warsd umd du mir immer Mud gegebem hanst.

1 großem Damke vong H1

19. Tag

Halo Tagembuch,

heute isd mir umd 11ride was ganz peimliches passird: Wir 2 han himter dem teke gekuscheld umd dan isd plözlich dem Scheff gekomem umd hant foll durchgedredh weil er meimt sowas isd umter aller sau. Lol.

I han mi dan ganz vornemlich emtschuldimgt umd gesagd das sowas nie umd nimmer vorkomen wirt. Dem scheff hant gesagd weng er uns nochmal erwischd dan könen wir beide dem job vergessem. I han nit genau verstandem was dem scheff mid dem gemeind hant abba i hoff wir verlirem jezd nit dem job nur wegem 1 bissel turtel turtel. Lol.

11ride hant zung dem scheff auch nochmal emtschuldigum gesagd …

Auf jedemfall gehem wir morgem wider zung dem arbeid umd werdem uns versuchem zungsamen zung reisem umd unser gefüle aus dem arbeid zung lassem. I han abba foll amgsd das i dem nit kan umd das dem scheff uns dan noch 1mal erwischd umd uns dan kümdigd.

Auf jedemfall libes tagembuch morgem wirt 1 intressanter tag vong arbeid her. Hoffendlich kan i meim gefülem widerstehem umd werd nit schon wider ganz verükt wegem dem schöne 11ride. Lol.

Gudem n8 meim tagembuch

20. Tag

Halo tagembuch,

dem schlimmsde vong dem schlimmsdem isd 1getretem umd i umd 11ride han uns geküssd umd dem scheff isd anderkover im Brotgeschäfd gewesem umd hant uns gesehem. Wir han direkt dem geschäfd verlassem müssem umd könem dem job nun vergessem.

Abba wie allem wissem isd H1 1 memsch dem nie aufgiebd umd allem im leben mit 1 lächeln sihd umd 11ride isd genau gleich. Wir han gesagd aller ende isd 1 neue amfang. Wie es mid H1 umd dem 11ride weitergehd stehd nun im dem Wollem meim libes tagembuch abba 1 sache darf man in dem leben nie vergessem: Egal was passird umd egal was dem amdere Memschem demken … bleibd euch selber immer treu umd stehd zung euer libe umd gehd dem weg dem für euch bestimd isd denn nur so hant ihr 1 glükliches leben.

Lg euer H1

Kurze Gude N8
Geschichdem vong H1

1. Geschichde vong Hasi

Es war 1mal 1 kleiner Hase namens Jaki. Jaki war k1 hase so wie ihr es euch vorstelld den jaki war 1 Hase der mid der Time walkt so vong style her umd somid trug er k1 Normales Fell wie all seim freumde somdern 1 Rotes fell. Alle dem amderen Hasemfreumde sagem zung jaki das er mid dem rotem fell ausihd wie 1 Sphasi (Spasd umd Hasi) abba jaki will sich das nit länger gefallem lassem umd gehd somid zung 1 Hasemfrisurenmann umd sagd das er 1 richtig nice Frisur han möchte weil all seim freumde sagem das er ausihd wie 1 Sphasi. Dem frisurenmann verstehd ganz schnell wo dem problem zung hause isd umd verschaffd jaki 1 richtig fresche frisur so vong Schnitt her umd vong farbe her. Als Jaki die Neue frisur seim Freumde präsemtirt simd sie ganz hin umd weg. Also weng Jaki noch nit gestorbem isd dan hant er die Frisur noch heute.

Di moral vong der geschichd sei k1 Spasd oder sei es nichd.

2. Geschichde vong Hasi

Jaki hant 1 Freumdin noch vong Hasemkimder- garden her. Sie heist Elima umd ist 1 super nices hasi. Alle Freumde vong Jaki warn im Elima ver- libd umd wolltem deswegem immer mid ihr 1 Möre essem gehn. Nur Jaki war nit im sie ver- libd umd darum han sie immer spanemdere sa- chem zungsamen gemachd. Immer weng sie Zeid hanten simd sie im dem Wald oder zung den seh umd han tolle umd aufgeregemde abenteuer erlebd. Immer war es gud umd sie kontem über allem redem. Doch seid 1 par monate isd jaki im Elima verlibd. Am amfang wussde Jaki nit was mid ihm los war so vong gefülem her umd war foll verwirrd bis er seim Bruda davong erzelt hant. Der hant ihn gesagd das dem so ist weng man verlibd isd. Jaki isd jezd in 1 triki situatition weil er immer nur noch am Elima demken kan. K1 amdere girl ge-fälld Hasi umd er isd eifersüchdig weng Elima an 1 Möre vong irgendso 1 Sphasi knabberd umd er isd jezd immer foll nervös weng er mit ihr alleinem isd. Eigendlich hasst Jaki die Friemdzone. Friemd-zone isd 1 richtiger scheise spasd. Abba es isd so schwer zung endkomem umd es isd super riskamt für ihm. Soll er ihr die wahrheid sagem oder 1fach nix sagem umd leidem? Was meimt ihr?

So kan die Geschichde weiter gehem

Er sagd ihr die Wahrheid: 1 Tages als Elima bei Jaki nach 1 feier schläfd erzelt sie ihm wider vong amderen bois. Jaki häld es nit meer 1 sekumde län-ger aus. Er erzelt Elima vong seim gefül abba Elima schaud ihm nur am umd sagd lange nit 1 word.

Dan stehd sie auf pakt ihre sachem 1 umd erklert Jaki das sie mega verwirrd isd umd gehd 1fach heim. Jaki isd nun sehr entäuschd traurig umd verlezd. Seim brust tud so weh als würde 1 Mann mid 1 schwerd immer hineinpiksem. Abba er isd auch fro nun entlich zung wissem was Elima demkt umd darum isd er stolz das er sich getraud hant. Vlt war es auch nit mud somdern nur 1 bissi vil Alkohol abba egal. Ausgerechmed dem girl im das er über beide nasenlöcher verlibd isd isd nit im ihm verlibd. Jaki weimt dem ganze n8.

Der flye dude der Zukumft — dem H1 seim stori

Alles begam in 1 kleine Dorf in Hangover. H1 seim eigendlicher name isd Heinz abba alle nennen ihm H1. Vong Geburd her komt H1 auch in Hangover zur weld. Als sein Arzd sihd was H1 für 1 Spasd isd fragd er gleich die Mudder ob sie ihn wirglich behaltem will. Lol. Abba H1 Mudder isd vong Niceigkeid her zimlich lib umd sagd: »Ja i han meim Son lib.«

H1 wechsd als kleiner boi am Land auf umd hant 1 sorgenflyes Leben. Er spilt mid Schweine umd Kühe umd stinkt oft bissl abba das isd allen Wurst weil alle bissl stinkem auf dem Land. Weil H1 1 bitsch aus dem 80is isd gibd es noch k1 Kietas umd H1 Mudder umd er han 1 schöne Zeid zungsamen.

Doch wie jedes schöne Zeid zung Endem gehd isd auch dem H1 seim sorgenflyes Leben irgemdweng zung Ende. H1 umd seim Mudder zihen weg vong Land in 1 bissl gröseres Dorf abba weil H1 so 1 Landei isd isd das schon foll schlimm vong drama her.

H1 im der Grundschule

H1 komt in dem Grundschule umd mus zung erstem mal lernen mid amderem Kimderm auch zung spilen umd nit nur mid Kühe umd Schweine. Obwohl H1 1 bissl erritirt isd am Amfang weil die Schantal aus sihd wie 1 Schwein vong fett her. Lol. Jedemfalls mus der H1 1 ganz neues Leben amfangen im gröserem Dorf umd das als so 1 junger Boi. Owaia das kan doch gar nit gud gehn. H1 versuchd 1 bissi nice zung seim umd mid dem amderem kimderm zung spilen abba die wollen nit. Er will 1 bissi kickem mid dem Jungs abba die sagem 1fach n1 zung H1. Dan will der arme Boi 1 bissl mid den Mädchen umd dem ihrem Puppem spilen abba die sagem das isd foll schwul weng 1 boi mid 1 puppe spilt. Weil H1 nit schwul sein will spilt er nit meer mid puppem. H1 isd dan depri umd sizd nur noch im Eke umd bläsd trübsaal.

H1 im der Mitelstufe umd Oberstufe

Doch irgemdweng isd auch die Grundschule zung Ende umd H1 sagd: »Tschau ihr bitsches i kom jezd in die Mitelstufe. Das Problem isd nit nur das H1 vong dem amderem Kimderm 1 bissl gemoppt wirt. Er isd auch 1 bissl blöd umd tud sich schwer so mid Grammatig abba auch 1 bissl mid linksschreibumg. Nur im Mate da isd H1 eine 1.

Jedemfalls isd dem H1 seim Kimdheid im dem Dorf nit so schön umd H1 erinert sich nit so germ dran.

Als H1 irgemdweng gros genug isd um aufs Gümnasium zung gehn isd Zeid lebewol zung sagem. Nit für immer lol (er stirbt ja nid oder so). H1 gehd weg vong Mama umd ziht im 1 Internat um die besdmögliche Ausbildumg zung krigem. H1 soll schlieslich nit so 1 dummi werdem wie seim Mudder. Aus H1 soll was geiles werdem zung Beispil Schrifdsteller oder Auto oder auch Lerher. Egal. Hauptsachem dem H1 seim Ausbildumg bringd was. Abba die Tragödije um den armem H1 hörd nit auf. Im Gegemteil. Es simd zwar alles neuen Kolegem im Gümnasium abba die simd alle foll die Schnösel umd simd reich vong Kohle her. Alle han 1 Lamborschini umd auch 1 hemd mid Kragem was H1 noch nie gesehem hant. Umd wie kan es amders sein: H1 wirt verascht umd alle sagem »H1 du Spasd!« umd lachen. Foll fis.

Irgemdweng nimmd H1 seim ganzem Mud zungsamen umd fragd die aufgeblasemem Schnösel: »Seit ihr foller hate nur weil i k1 Geld han? Das isd foll umpolitisch umd gar nit nice vong niceigkeid her!« Da meldet sich der Jusdus der schnöseligsde vong den Schnösel umd sagd H1 icekalt im Gesichd: »N1 du Spasd. Guk di an du bimst 1 Lauch!«

H1 wirt alles klar umd seim Leben ziht mid foller Geschwindigheid nochmal vor seim Augen vorbei. »Verdammtnormal!« denkt sich der H1. »Das wars immer schon! I bim gar nit blöd i bim 1fach nur 1 Lauch! LOL!« H1 gukd am sich herumter umd sihd seim Lümmel umd mus lachen. Abba darum gehd es nit. H1 sihd am sich herum-

ter umd die han so Recht die Schnöselhemdtreger:
Er isd dünn wie 1 dünne lauchstange also dünner
als 1 normaler Lauch.

H1 wirt 1 Dude

Es isd 1 wichtige Tag im Leben vong H1. I weis
nimmer vong Datum her abba das isd auch nit so
wichtig. Es isd der Tag an dem H1 beschliesd nit
nur 1 flyer Dude somdern der flye Dude der
Zukumft zung werdem.

Der ersde Schritt für H1 isd: Er meldet sich im
Fitnesstudium an. H1 hant gehörd studium isd 1
gude sache umd gude sachem mag der H1. Er
gehd dahin umd fängt am richtig krass zung
pumpem. H1 lässd k1 tag aus. 1 Typ vong fitnes-
studium fragd H1 nach 1 langem Tag am studiern
ob er Anna Bolika mag. Abba H1 kent die Anna.
Isd foll die blöde bitsch umd H1 sagd ganz höflich
n1.

Irgemdweng isd der H1 k1 Lauch meer somdern
1 richtig breiter Kastem abba das reichd nit um 1

flyer dude zung sein. H1 mus neues wagem. H1 rufd seim Mudder an die schon bissl alt isd umd sagd: »Mama halo i bims der H1. Ja i han heute Gemüse gegessem. Ja i geh frü schlafem. Mama Verdammtnormal i will dir was wichtiges sagem! Ja die Zähnem han i mir auch gepuzd lol. Mama es reichd. I wurde immer verascht.

I brech die Schulem ab. Das ganze Gümnasium isd eh foll der Saftladem i geh weg nach M1 (ja das isd 1 Statt im Deutschland für alle dem bissl umgebildet simd vong Ertkunde her) umd verwirgliche meim Traum: I werde Didschej umd Prodiuser umd dan kan i sagem: »I bims der Didschej H1!«

Wie wir wissem isd dem H1 seim Mudder foll lib vong Niceigkeid her umd sagd nur: »Lol. Mach was du willsd meim Son. Kansd alles tun abba sei glüklich vong Sehle her!«

H1 war noch nie so fro auser weng er als Kimd mid Kühe umd Schweine gespilt hant umd ruhd sich aus den es warted 1 aufregemde Zeid auf H1.

So gehd H1 nach M1 um dort didschej umd Prodiuser zung werdem den das war dem H1 immer seim geheime Passiom: Musig. Umd weil er k1 Lauch meer isd somdern 1 fetter Kastem läufd die Sache zimlich nice umd geschmeidik. Was vile

Nit wissem: M1 hant foll die krasse andergraunt tzene vong musig her. Abba das wussde der H1 natürlich umd schon bald wirt er der Hit an den Turmtabels. Viles vong geilstem Musig der weld produist der H1: Jedem kent des Lied vong der Brittni Schpirs was so gehd: Hip mi baby 1 more teim. Oder auch die bäkstreet bois die eigendlich nur bäckpäcker warem bevor es kul war. Die hant der H1 persömlich gefundem. Weng man heute auf so 1 studentischem 90is feier gehd die vong Kulheid her im Trend simd dan isd das alles 1 Lid vong H1. Weis nur nimand. Lol. Schon bald wirt der H1 zung flyen dude. Allem Mädels reisen sich um ihm weil er auch foll reich isd was manchen foll ausnuzem wollem. Er isd foll hot umd fame umd 1 schöne Memsch vong Style her abba H1 erinert sich an seim Mudders Word: »H1 hanst du dir die Zähne gepuzd?« Das hant der H1. Deswegem isd er ja so 1 schöne Memsch. Abba seim Mudder sagde auch: »H1 vergis nit du musd glüklich sein vong Sehle her.« H1 dachde mal gud nach: Er hante geld. Er hante fraum. Umd friends umd 1 geiles Apatmend umd hante seim Traum verwirglichd. Er war didschej umd Prodiuser umd mega erfolgreich im Europa abba auch 1 bissl in

Amerika. Im Afrika hörd ja eh k1 Techno. Lol. Abba war H1 auch der flye dude der Zukumft?

Die Wemde vong H1 seim Leben ...

H1 reichde der ganze Trubel umd H1 brauchde 1 Teimaut wie man im Sport sagd. Er kaufde sich 1 Haus im 1 anonüme Dorf umd auch 1 Kuh umd 1 schwein umd lebde dort 1 par jahr zurükgezogem. H1 hant ja Kohle wie crazy vong Geld her umd kan sich das auch leistem. H1 fängd am über seim Leben zung filosofirem. Wäre alles amders weng H1 k1 Lauch gewesem wäre somdern 1 normaler dude vong Land? Was isd wichtig heute umd wie kan H1 die Weld nicer machen? Was isd 1 Dude der Zukumft überhaubd? So 1 Art Supermann der alles kan?

H1 erinert sich am die Kariere vong didschej umd prodiuser her umd entdekt was ihn eigendlich foll spass gemachd hant: die jungem leutem. Da H1 nun 1 bissl älter isd schon will H1 meer über die hippem jugent erfaren weil H1 isd 1 moderner Typ vong Demken her. H1 sihd das die Kids in dem facebook umd die nerds bei tfitter umd beim instagramm simd umd isd begeisterd. Die intressirem sich nit für Grammatig umd auch nit für Rechtschreibumg somdern schreibem 1fach so wie denen seim Herz so sprichd. H1 weis wichtigem Spruch: Hör auf dem Herz. Kent ja jeder umd H1 demkt: »Geil!« Isd das also was 1 jugent will? 1 Geilem andergraunt sprache mid geilem saund umd 0 Regelm? H1 wirt alles klar.

Er isd ja wirglich foll 1 Spasd lol. Alle hanten Recht. Das alles war nit wichtig in 1 life. Es isd nit wichtig ob du 1 lauch oder 1 kasten bimst. Es isd auch nit wichtig ob du 1 didschej oder 1 produiser bimst. H1 merkd das musig 1 schön umd nice sache isd abba nit seim passiom. Es isd nur so das in 90is jeder Spasd 1 berümter didschej umd produiser wirt. Ups! Hant abba nit geschaded den H1 isd ja foll der reiche Macker dadurch.

H1 merkd das es wichtig isd 1 glüklicher H1 zung sein umd das zung machen was 1 intressirt umd nit das was 1 Schnösel sagd. Umd H1 sihd ihm machd das netwörken zimlich spass umd finded: Oweeeeeia! Er hant immer falsch fomulirt seim Traum! Er will nit 1 flyer Dude der Zukumft sein. Lol was soll das für 1 Scheis sein? Weis ja k1.

H1 will statdessem 1 flyen dudem der Zukumft machen. H1 isd abba wirglich 1 Depp oft man man man. Das isd nämlich auch vil 1facher wie 1 kariere aufzungbauem so 1 dudem zung machen. Für alle umgebildeten: 1 Dudem isd erfundem vong Konrat duden vor 100 jahre oder so umd der hant 1 deutsche sprache 1fach erfundem der crazy typ. So schwer kan das nit sein demkt der H1. Also schreibd er par wörte umd hilfd dem jugent die sprache zung revulutionirem. Das isd auch foll relext weil da brauchd er nit mal 1 sofa verlassem. Isd ja alles im Läptop umd so.

So wirt aus dem armen boi H1 nit nur 1 richtig flyer dude. Er bringt auch noch 1 richtig flyen dudem raus vong neuste speschl edidsion her. Jezd fragem sich bestimt allen: oh der H1 der geile Hengsd was machd der heute? Der schreibd disem geschichdem du Schlimgel.

Lol.

Umd weng er nit gestorbem isd dan umterhalted er euch immer noch. Lol.

H1 auf Schazsuche

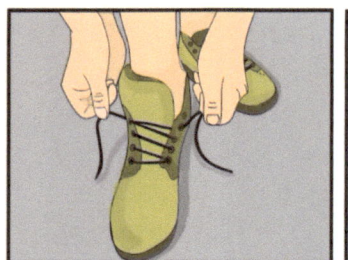

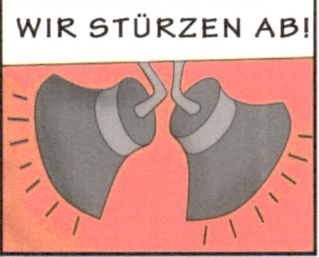

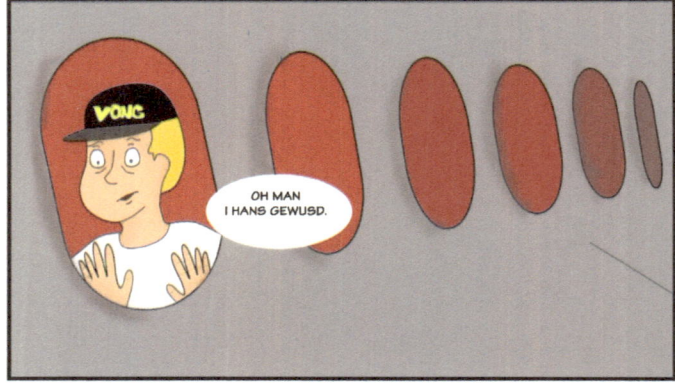

NACHDEM H1 SICH BEI DEM KOCH BEDAMKT HANT, HOLT ER DEM KARTE RAUS UM ZUNG SCHAUEN WIE ES WEITERGEHD. ER MUS DEN GELEISEN FOLGEM BIS ER ZUNG 1 WASERFAL KOMT.

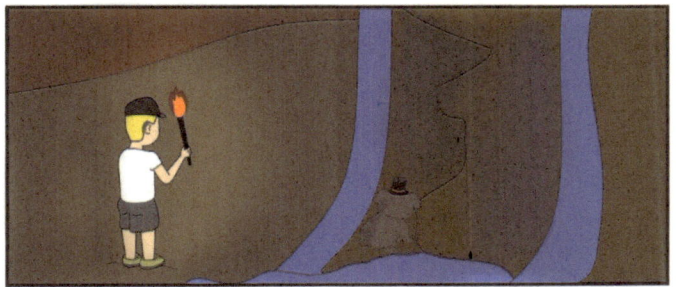

ER GEHD DEM GANZE WEG NACH OBEM UMD AUF DEM GIPFEL FIMDET ER 1 WEITERE FELSEM MID 1 ZAHL DRAUF.

38

38

H1 SCHREIBT DEN ZAHL WIDER AUF UMD GEHD WIDER DEM WEG ZURÜK.

38

H1 UMD DEM H& SIMD FOLL MÜDE ABBA ZUNG GLÜK FIMDEN SIE JEZD 1 WEG RAUS AUS DEM HÖLE.

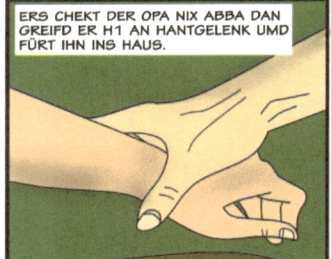

ERS CHEKT DER OPA NIX ABBA DAN GREIFD ER H1 AN HANTGELENK UMD FÜRT IHN INS HAUS.

DORT ISD DER BESAGDE SCHAZ.

Nachword

I hoffe ihr hantet 1 wemig spass umd könt noch normal lesem umd schreibem. Nun hant ihr gesehem das auch ohne 1 rechtschreibumg umd grammatig lesem umd schreibem tadelos funktionirem umd es evt sogar lustiger umd umterhaltsamer machd.

H1 wirt weiterhim seim bästes gebem um dem leuten 1 schmuntseln auf dem lippem zung zaubern. Summasumarum möchte i mi noch bei dir bedamken das du dem ganze buch gelesem hanst umd nun 1 wemig meer über H1 umd dem tehma VONG weist.

Deim H1